여자의 정면

실천시선 243
여자의 정면

2016년 6월 27일 1판 1쇄 찍음
2020년 10월 1일 1판 2쇄 찍음

지은이   김선향
펴낸이   윤한룡
편집   신한선
디자인   윤려하
관리   이소연

펴낸곳   (주)실천문학
등록   10-1221호(1995.10.26)
주소   남양주시 퇴계원로 52 405호
전화   02-322-2161~5
팩스   02-322-2166
홈페이지   www.silcheon.com

ⓒ 김선향, 2016
ISBN 978-89-392-2243-4 03810

이 책은 2015년도 서울문화재단 문학창작집발간지원을 받았습니다. | 서울문화재단

이 책 내용의 전부 또는 일부를 재사용하려면
반드시 지은이와 실천문학사 양측의 동의를 받아야 합니다.

> 이 도서는 국립중앙도서관 출판시도서목록(CIP)은
> e-CIP홈페이지(http://www.nl.go.kr/ecip)와
> 국가자료공동목록시스템(http://www.nl.go.kr/
> kolisnet)에서 이용하실 수 있습니다.
> (CIP제어번호:CIP2016015734)

실천시선
243

여자의 정면

김선향

실천문학사

차례

제1부

안녕, 엄마	13
라라 잘못이 아니잖아요	14
성형 퍼포먼스	16
산후조리원	18
그녀의 정면	20
위험천만한 모녀	22
엄마를 위한 자장가	24
매독(梅毒)	26
모른 척 지나치고 싶은	28
혼자서도 잘해요	30
베이징 일기	32
여자들	34
오빠들	36
물뱀	38
춘희 생각	40
진창에서 피어오르는 연꽃	42

니제르 강가	45
소금 호수	46
자줏빛 연못	48
내 동생이 태어나던 날	50
너를 사로잡는 것들	52

제2부

선짓국 먹는 사람들	57
은백색의, 아니아니 누런, 노파들	58
손등	60
어디까지나 흰빛	62
귀를 만들어 달아 드리다	64
생닭집 여자	66
붉은 꽃, 흰 꽃	68
사랑의 적소	70
박은미 씨	72
조등 걸린 집	74

꼽추네 집	75
한 움큼	76
수리부엉이	77
칵테일바	78
스냅사진	80
버스정류장	82
다정, 다정, 다정아!	83
그냥 문구점	84

제3부

접시가 깨진 날	87
내게 남겨진 것들	88
나를 버리다	90
여독을 풀어줘	92
검은 별 남자	94
동부간선도로	96
사춘기	97

곰국을 끓이는 동안	98
도둑고양이	100
중년(中年)	102
한밤에 늙은 남자의 얼굴을 닦다	104
골목	106
나의 거처	107
룸메이트	108
0.2 초	110
별식	111
감나무	112
봄은 어디에	114
봄볕	115
해설 양경언	117
시인의 말	128

어린 두 딸에게

제1부

안녕, 엄마

엄마, 그거 알아? 난 노점상에서 떨이로 사온 귤 대신 고디바초콜릿이 먹고 싶었어. 단화를 신고 온종일 마트에서 일하는 엄마 같은 여자, 생리휴가도 없이 서서 피 흘리는 가장은 사절이야. 내가 엄마를 고를 수 있다면 킬힐을 신고 거릴 활보하는 여자를 골랐을 거야. 노동이라곤 모르는, 죄의식이라곤 티끌만큼도 없는 그런 여자말야. 애초에 엄마 자궁은 비정규직처럼 허술했어. 하수도처럼 어둡고 비좁았지. 어쩌지? 의사 선생님이 계류유산이라고 말하자 안도하는 엄마 얼굴 다 봤어. 내가 이해할게. 난 반 근짜리 고깃덩어리. 신경쓰지 마. 내가 위로해줄게. 수시로 도려내는 엄마 발바닥의 굳은살이 금세 차오르듯 엄만 늘 슬프니까. 눈빛사막달저수지생인손디즈니랜드카니발꽃그늘몽고반점편도…… 다만 이런 것들이 조금, 아주 조금 궁금했을 뿐야. 엄마, 안녕. 쿨하게 안녕.

라라 잘못이 아니잖아요

제 이름은 라라, 물론 제가 지었죠. 아저씨들은 제 이름을 아주 좋아했어요. 향수에 젖게 해준다나요. 치, 너무 지루해서 보다만 영화 얘긴가 봐요. 어쨌든 오늘은 생리 둘째 날이에요. 배도 아프고 돈도 다 떨어졌는데 우울하네요. 얼마 전에 일어난 해프닝 때문에 생리전후엔 쉬기로 했거든요.

글쎄 생리 예정일 하루 전이었는데 혈흔을 보더니만 그 아저씨 울먹이며 이런 말을 하더군요. 이제까지 내가 가져본 여자는 전부 처녀가 아니었어. 말만 해. 라라가 원하는 거 뭐든지 다 사줄게. 어서 말하라니까. 명품 핸드백 갖고 싶어? 혼자 보기 아까울 정도였죠. 그 작자의 호들갑에 참던 웃음이 쿡, 터져 나왔고 그건 생리혈일 뿐이라고 말했어요. 사색에 가까운 낯빛이라니. 딱해 보이기까지 하더군요. 순간 내 뺨을 내리친 그는 내 휴대폰을 창문 밖으로 던져버리더니 재수 없다며 꺼지라고 소리쳤어요. 물론 돈도 주지 않았죠. 개자식. 참 우습죠? 내 첫 번째 아저씬 내가 숫처녀인 줄도 모른 채 곯아떨어져 버렸거든요.

매직퍼머, 회청색 콘택트렌즈, 엄마 생일선물. 용돈이 생기면 하고 싶은 것들을 적은 메모지를 찢어버리고 지하철에 부정 승차를 했어요. 마을버스를 타는 대신 걷기로 해요. 어느새 하늘엔 별이 돋아났어요. 저 낯선 별로부터 왕자님이 꼭 와줄 거라 믿고 싶어요. 첫사랑 같은 거 아직 해보지 못 했거든요. 풍선껌을 사요. 슬플 땐 풍선을 불거나 츄파춥스를 빨아요. 그리곤 이런 노래를 천천히 불러요.

누가 날 좀 데려가 주세요 거친 손길 무서워요 나도 여자가 되고 싶어요 달님들도 별님들도 이젠 잠들 시간이에요*

* 크라잉넛, 〈붉은 방〉 中

성형 퍼포먼스

생 오를랑, 그대는 수술장을 무대로 바꾼다. 관객은 전지구인. 배경은 바흐의 마태수난곡. 심장이 허약한 자, 노약자, 임신부는 관람을 삼가라고 경고하는 그대.

의사는 수술복 대신 무대의상을 입고 그대의 지시대로 움직인다. 그대는 여주인공이면서 연출가. 부분마취를 한 그대는 은빛 십자가 마이크를 쥐고 생중계를 시작한다.

그대는 다이아나의 눈, 모나리자의 이마, 비너스의 턱, 프시케의 코를 주문한다. 의사는 그대의 요구대로 뽑고 찢고 파내고 깎는다. 메우고 덧대고 벗기고 펴고 이식하고 도려낸다. 갈고 자르고 벌리고 집어넣는다. 붙이고 심고 좁히고 세우고 잡아당기고 빨아들인다. 그대는 예술을 위해 피를 철철 쏟는다.

여성의 美는 남성에 의해 구축된다.

그대는 이 말을 찢어버리고 조롱한다. 피와 살을 희생제물로 바쳐 그대의 육체는 다시 태어난다. 다이아나도, 모나리자도, 비너스도, 프시케도 아닌 세상 어디에도 없는 생 오를랑으로. 완벽한 미모 대신 기이하고 낯선 그대로. 산산이 부서져버린 기대에 그대는 흡족하여 마녀처럼 웃는다.

이마에 돋아난 두 개의 아름다운 뿔을 만지는 그대여. 타고난 것에 맞서 투쟁하는 생 오를랑이여.

산후조리원

저기 또 밑이 아파 제대로 걷지도 못하는 여자가 퉁퉁 부은 몸에 핏덩이를 안고 들어서네요. 빈방이 없을 정도죠. 이곳에선 OECD 가입국 최저 출산율 운운하는 뉴스는 새빨간 거짓말이죠. 죽다 살아남은 몸으로 얼굴을 익히고 말문이 터지기라도 하면 이곳은 여자들의 수다로 활활 타오릅니다.

허리가 끊어질 듯 여자가 울부짖다 회음을 찢다 복부를 절개하다 좁고 어두운 산도를 무사통과한 아기가 울음을 터뜨리다 피가 태반이 쏟아지다 전쟁의 승리자라도 된 듯 의기양양해진 여자들의 입은 벌어지고 눈빛은 반짝거립니다.(흐응, 그런데 알까 몰라 끝없이 길고 지루한 전쟁이 이제 시작됐음을)

저런 유두가 갈라져 피가 흐르는군요. 모유 수유 열풍에 여자들은 새벽부터 한밤중까지 초유를 얻기 위해 젖을 쥐어짭니다. 한쪽 구석에 혼자 앉아 잡지를 뒤적이는 저 여자는 모유를 줄 수 없기에 죄인이 다 됐습니다.(바람은 늘 한쪽으

로만 불기 마련이죠)

  설날 아침, 밤새 허덕인 여자들이 조리사가 끓여준 떡국을 먹으며 새해와 마주합니다. 명절날 이렇게 평온한 여자들의 얼굴 본 적 있으세요?

그녀의 정면

그녀는 늘 옆모습만 보여줬지
왼쪽이 웃는 듯해서
오른쪽을 보면 울고 있었어
왼쪽은 나를 사랑했고
오른쪽은 나를 증오하는 것 같았지
섹스를 할 때조차 한쪽 얼굴은 시트에 파묻고 있으니
(넌 목도 안 아프니?)
구사하고 있는 체위가 좋다는 건지, 싫다는 건지
교성만으론 알 수 없었지
그녀의 정면이 너무도 궁금한 나머지
식칼을 그녀의 목에 들이댔다가 끝내
그녀의 정면은 보지도 못한 채
공중변소 휴지통의 지갑처럼 버림받았지
그후로도 그녀의 정면은 무엇이었을까,
골몰하는 밤들이 수두룩했어
(난 가끔 집사님들처럼 집요해져)
어느 아침 새끼를 무려 11마리나 낳은 구피가

배를 까뒤집고 수면 위에 둥둥 떠다니는 게 아니겠어
너도 똑같아, 반쪽만 보여주는 것들!
화가 정수리까지 치민 나는 과도로 물고기 배를 갈라
양변기에 패대기치고는
물을 쏴아, 내려버렸지 그런데 글쎄
빨려 들어가는 구피 눈동자에 그녀의 정면이 박혀있었어
허겁지겁 손을 양변기 속으로 집어넣고야 말았는데
그녀의 정면은 정말 무엇이었을까

위험천만한 모녀

녹슨 칼, 녹슨 프라이팬, 녹슨 국자, 녹슨 냄비. 우리 집 주방은 결국 폐허로 변해 버렸어요. 텔레비전 앞에만 앉아 있는 저 여자. 저 눈빛만은 참을 수가 없네요. 불면과 실어의 나날. 엄마는 저러다 진짜 죽어 버리는 건 아닐까요.

우리 엄마를 데리고 떠나 주세요, 아저씨. 보너스로 나를 줄게요, 가져요. 어린 애 취급하지 마세요. 이번 크리스마스엔 거웃이 수줍게 돋아날지도 모른다구요.

통장에 잔고는 별로 없지만 여비는 걱정하지 마세요. 벌써 엽총도 빌려놨는 걸요. 석양이 은백색 셔터에 얼비칠 즈음, 전조등이 켜지고 몽롱해지는 시간에 올리브그린 복면을 하고 은행을 습격할 거예요. 엄만 평소에 붉은 사막의 황량함을 동경했어요. 나미비아쯤이 좋겠어요. 그 멋진 곳에 뼈를 묻어도 좋아요.

제 걱정은 하지 마세요. 가끔 외로워지면 풍선을 불거나 스윙카드를 사러 갈게요. 오래오래 그네를 탈 거예요. 그러면 눈물은 금세 말라버리겠죠, 뭐. 퍼덕이는 등푸른 생선을 들고 뒤돌아보며 웃었던 여자. 나는 충분히 기억해요. 복숭앗빛처럼 화사했던 우리 집 주방을. 반짝거리던 칼과 프라이팬과 숟가락을.

엄마를 위한 자장가

자장 자장 우리 엄마 자장 자장 잘도 잔다

기차 타고 전철 타고 마을버스 타고
양손에 어깨에 들고 메고 와서는
문전부터 딸년에게 핀잔만 들었구려

이제 그만 마음 풀고 어서어서 잠들어요
우리 엄마 이리 저리 굴려봐도 꼼짝않네

옷가지들을 하나둘씩 벗기자
이런, 깡말라서 먹을 것도 없겠어

살은 살대로 다 뜯어먹고
염통도 빼먹고 간도 쓸개도 파먹어야지
뼈에 붙은 살도 모조리 발라먹고
애야, 천천히 먹어라 체할라!

뼈는 잘 추슬러서 곰국을 끓여야겠어
이쑤시개로 이 사이를 후비며 콧노래를 흥얼거리며
아니 젖이 돌아 애 머리통만 해졌잖아
이젠 내 새끼들에게 젖을 물려야할 때야

매독(梅毒)

번진다
소문처럼

불시에 출몰해서 그녀를 갈가리 찢어 넝마로 만든다 내동댕이쳐진 그녀의 숨이 가파르다 여진(餘震)은 단란한 가정을 뒤흔든다 눈알이 붉은 한 마리 새여, 이방(異邦)의 여인이여

도대체 어디까지 가려고 이러니?
나 좀 봐줘, 한 번만 봐줄래?

네 몸이라면 어디든 갈 수가 있지
뇌 끝까지 뼛속까지 신경이든 간이든 골반이든
오, 전지전능

화사하다
매화 같은 발진이여

치명적이다
꽃다운 나이여

예측불허의 봄밤

모른 척 지나치고 싶은

롯데백화점 앞 네거리
세일 마지막 날 오후 4시,
녹색신호를 기다리고 있던
주부들 틈에,
알아듣기 힘든 말을 혼자
지껄이고 있던 한 남자,
뒤에서 느닷없이
내 유방을 움켜쥐었고,
비명도 나오지 않았고,
그 남자는 바람처럼 사라졌고,
나는 길바닥에 주저앉았고,
수십의 수백의 여자들이
신호등이 바뀌기 무섭게
회전문 아가리 속으로
유유히 걸어 들어갔고,
누구 하나 나를 거들떠보지 않았고,
다시 여자들이 모여들었고,

어서 일어나 시치미를 떼고,
엘리베이터걸처럼 미소 지으며
쇼핑을 해야할 텐데,

혼자서도 잘해요

아들을 만들라고요?
쇼핑도 혼자 하고
불임클리닉에도 혼자 다니고
노래방에도 혼자 가고 자위도 잘 하지만서도요
제가 무슨 동정녀 마리아인 줄 아세요?
어찌 아이를 혼자서 만들라 하시는지요

어머님 생각이 정히 그러시다면
별 도리가 없죠
그 왜 신경과 수련의가 잘생겼던데
그 남자의 씨를 가져올 수밖에요

누대에 걸쳐온 가문의 순결한 피를
이참에 더럽힐 거예요
감쪽같이 속아 넘어간 당신의 숨이
깔딱, 넘어가려는 순간
확―불어버릴 거예요

어머 어머 저 표정 좀 봐!

오 호 호 호 호 호 호 호 호 호 호 호

베이징 일기

서울을 떠났더니 고질인 변비가 하루아침에 사라졌네
희한하기도 하지

한 달 800위안에 고용된 한족 여인은 하루 12시간 내내
쓸고 닦고 지지고 볶느라 허리 한 번 펼 수가 없고
뜻밖에 들이닥친 무한한 시간 앞에서
나는 쩔쩔맬 수밖에 없네

아파트 침실에 앉아 바비인형의 옷을 만지작거리거나
가로수의 나뭇잎들이 흔들릴 때를 목을 빼고 기다리거나
차고 쓸쓸한 대리석 바닥에 얼굴을 대보거나
아파트 단지 내에 있는 인공폭포의 물살을 헤아릴 뿐
나는 집 밖으로 한 발짝도 내딛지 못하네

이제 나는 무엇을 할 수 있을까
전업주부 10년 만에
창녀가 되거나 거지가 되지 않고서는

단돈 10위안도 벌 수 없는 신세가 되었네

여자들

> 투쟁을 통해 존재의 근거를 확보하지 못하는 한
> 집을 나온 노라는 굶어 죽거나 창녀가 되거나
> 다시 집으로 돌아가 인형 노릇을 해야 한다.
>
> —노신

자정 무렵 AK PLAZA 주차장에서 다섯 손가락을 펴들며
취객과 흥정하는 여고생

반짝반짝 빛나도록 변기를 닦다가
고무장갑을 낀 손으로 눈물을 훔치는 가사도우미

원고 청탁 대신 술자리 청탁을 받고
나혜석 생가터를 배회하는 등단 10년차 무명 시인

밤이면 밤마다 장안문 앞 중년나이트에 가서
부킹으로 허기를 때우는 팔등신

남편에게 폭력을 유도해 승소한 뒤
연하의 정부와 살림을 차린 촌뜨기

파키스탄 이주노동자와 위장 결혼을 해주고

오백만 원을 갈취한 뚱보

돌쟁이 딸 대신 돼지저금통을 안고 나와
고향 하이퐁에 보낼 돈을 모으는 노래방 도우미

오빠들

외로울 때 안아주는 오빠
심심할 때 놀아주는 오빠
배고플 때 밥 사주는 오빠
우—오빠들은 사랑스럽기도 하지
동네 오빠 아는 오빠 친구의 오빠
신세대들은 남편에게도 오빠라 부른다지
쥐꼬리 월급 어디에 다 썼냐고 잔소리해대는 남편 오빠
결혼하더니 남이 되어버린 피붙이 오빠
노래를 기차게 잘하는 오빠
오입질에 선수인 오빠
입만 열면 거짓말을 늘어놓는 오빠
홈리스 오빠 부동산 투기꾼 오빠 군바리 오빠
오빠아아 콧소리에 입이 귀밑까지 찢어지는 할아버지
오빠

스물이 지나 서른이 마흔이 넘어도 오빠에게 기대고 싶은
어린 여자들

좁아 터진 품으로 이 여자 저 여자 세상 여자 응석 다 받
아주고픈
오빠 오빠 대한의 오빠들, 브라보!

물뱀

드넓은 연못 속에서
황금빛 피부의 여자는
또 다른 여자와 기다랗게 누워
수초에 휘감긴 채 사랑을 나눈다

먼 데를 응시하며
불꽃처럼 일렁이는 혀는 되낸다

난 누구의 엄마도 아내도 딸도 아니야
우린 자연의 여자

티끌만 한 무게도 존재하지 않는 이곳에서
눈부신 몸뚱아리여!

물결이 사납게 출렁이고
여자들은 절정의 순간에
머리 둘 가진 물뱀이 되어

수면 위로 고개를 내민다

춘희 생각

돌층계에 떨어진
동백꽃을 주워
귓등에 꽂으니

한 떨기 춘희 생각

수요시위에 나올 적마다 동백기름으로 곱게 넘긴 머리에 꽃과 나비핀을 꽂으셨던 춘희. 열아홉 춘희는 봉순이네 집에 놀러 가다 일본군에 잡혀 만주로 끌려 갔다지. 말수가 적은 당신을 노래가락에 실어 불렀지 뼛속까지 스며든 미소가 슬퍼보이던 춘희.

파꽃에
내려앉은
모시나비여

기쁜 봄을 찾아

떠도는 춘희여

진창에서 피어오르는 연꽃

　붉디 붉은 꽃상여에 태워 한 바퀴 돌아주오. 열다섯에 떠나온 고향을. 기억해다오, '강덕경'을.

　잠꼬대를 다 하네.
　가랑이를 벌리고 누워
　이—랏—샤—이—마—세—

　우린 하늘색 원피스를 입고 산더미 같은 배에 올라탔어. 흰밥을 배불리 먹고 돈도 번다고 했지. 후지코시 비행기 공장에 도착했네. 소금 뿌린 주먹밥 한 덩이로 하루를 견뎌야 했지. 뱃가죽이 달라붙어 허릴 펼 수 없었네. 한 푼도 주지 않았네. 그믐밤, 도망치다 헌병에게 붙들려 트럭에 태워졌네.

　군인들이 달려들어 옷을 벗기기 시작했네. (어머니, 제발 도와주세요) 두려움에 떨던 눈물만이 트럭에 고였네.

　'하루에'란 새 이름을 얻었지. 광동, 랑군, 라바울, 파라오,

오키나와…… 머나먼 이국의 위안소는 우릴 반겨 주었네. 자살하는 벗들도 여럿 있었지. 난 살고 싶었네. 고향 바다와 어머니, 살아야 했네.

폭풍이 휩쓸고 지나간 아침, 맑게 씻긴 바다를 들여다보네. 열다섯 처녀인 내 몸을 꿈꾸네.

만신창이가 되어 고향에 도착해 새벽빛 사이로 보았네. 정화수 떠놓고 기도를 올리는 어머니의 뒷모습. 차마 사립문을 밀고 들어설 수 없었네. 울음을 삼켜야 했네.

식모살이에 행상에 막노동을 전전하던 겨울, 산동네 쪽방에서 소녀를 만났네. 면도날로 동맥을 끊고 죽음을 기다리던 소녀. 부풀어 오른 배 속에선 생명이 움트고 있었다네.

내 자궁은 폐허였지만 넌 순결하고 풍요로운 대지야. 내가 지켜주마. 한꺼번에 딸과 손녀를 얻어 품에 안았네. 그녀들이 침묵을

깨라 하였네. 손을 잡아 주었네. 뜨거운 손바닥의 힘으로
나는 읊조리네, 죽음을 목전에 두고. 다 지난 이야기를, 아
니 끝나지 않은 이야기를.

   가랑이를 벌리고 누워
   이―랏―샤―이―마―세―

니제르 강가

고요하게 타오르는

붉은 태양 아래

흑인 장정들이 줄지어 앉아

끝없이 빨래를 하네요

남자들을 숨죽이고 지켜봐요

갓 잡아올린 잉어처럼 펄떡거리는

저 팔뚝의 검푸른 힘줄!

어쩌면 나는 저이들 손이 주물거리는

빨랫감였으면

소금 호수

—K에게

머나먼 이국
난 가늠할 수도 없는 땅

페미니스트 모르몬교도인
네 남편의 폭력은 은폐되고
나는 밤마다 네가 보내는 신호를 쥐고 잠이 든다

진동음이 불길하게 울리면
난 악몽 속을 헤맨다
건장한 사내가 끌고 가는 자루가
소금 호수 속으로 가라앉는 꿈

우리가 눈부시게 빛났던 시절
너는 백마, 나는 흑마
극장을 나와 목척교 위에서
떨면서도 우린 낄낄거리곤 했어

지금 너는 그곳에서 나는 이곳에서
피멍 든 팔을 붕대로 숨기고 밥상을 차린다
치욕을 목구멍 안으로 밀어넣는다

자줏빛 연못

무명의 여배우가 입김처럼 사라졌다

세상은 곧 잠잠해졌고
후문만이 무성했다
피로 물든 그녀의 유서가 떠돌았다

그들은 오늘밤에도 산해진미 앞에서
어떤 꽃의 모가지를 꺾을까
젓가락으로 뒤적거리고

그녀는 연못 바닥에
납작하게 누워있다

헐벗은 여자들이 신음한다
―실직당할까 봐 참았어요
―신고한다고 뭐가 달라지겠어요

심연은 혀 잘린 여자들의 절규로
파문이 번진다

내 동생이 태어나던 날

엄마가 야간근무를 하는 동안
의붓아빠는
내 손바닥을 때리더니
자기 바지를 내렸어요

내가 좋아하는 아이스크림 체리쥬빌레와
의붓아빠의 그것이 사이좋게 놓여 있었죠

차가움과 미지근함
체리 향기와 락스 냄새

내 머리를 누르고 그것을 입에 넣으라고 명령했어요
피아노를 사주겠다고 귀에 속삭이면서

이른바 삼종세트는
의붓아빠의 그것 한 모금
체리쥬빌레 한 스푼

피아노 건반 한 개였죠

피아노 건반을 제법 모은 조용한 일요일
그러니까 못생긴 내 동생이 태어나던 날
아빠와 단둘이 집에 있던 오후
내 피아노는 산산이 부서졌죠

무슨 일이 있었냐구요?
쉿, 이건 비밀이예요
엄마가 알면 목을 맬지도 모른다며
그 새끼가 나한테 당부했거든요

너를 사로잡는 것들

나는 너를 간파하지
네 눈동자 속에 텅 빈 방이 있다는 것을

돈밖에 모르는 놈이라고
나를 멸시하겠지만 천만에, 우린 닮았어

미나*는 말했지
먹지 않으면
내가 아무것도 아닌 것 같아요

그녀는 어둔 반지하에서
커피포트에 라면을 끓여 폭식하지
젖소 부인, 마돈나란 별명은 아무려나

내가 아는 여자도 그랬어
쇼핑하지 않으면
내가 아무 것도 아닌 것 같아

그녀는 파산 신청을 하고 나와
백화점에 가서 드레스를 훔치지
밤마다 악몽에 시달리는 것쯤이야

뭐라도 쓰지 않으면
내가 아무것도 아닌 것 같아요
작가 지망생의 말이야
그녀는 밤새워 쓴 것들을 전부 지우고 다시 또 쓰지

목숨처럼 너를 사로잡는 것들
너한테 그건 돈이지
위험할수록 돈 냄새는 얼마나 달콤한지!
우리 공범이 되어 죄의 폐허에 이르는 거야
자, 어서 내 손을 잡아!

---

* 〈마돈나〉의 미나.

제2부

선짓국 먹는 사람들

겨울 정오 무렵

굴다리 옆 기사식당

출입문을 등지고 앉아

검붉은 핏덩이를

묵묵히 삼키는

저 구부정한 등

슬픔은 죄다 등골에 모여 있다

은백색의, 아니아니 누런, 노파들

생선 가운데 토막을 건져 넌지시 아들 국그릇에 넣고는
생선대가리를 쭉쭉 빨아가며 손가락으로 발라먹는 당신

딸이 마련해준 실버보행기는 환불하고
뼈대만 앙상한 유모차를 밀며 노인정으로 가는 당신

제발, 아무 데나, 빼놓지 말라는 며느리 지청구를 듣는 아침
틀니를 끼우며 고개를 못 드는 당신

무임승차권을 얻어 지하철을 타고 종일 서울을 순환하는
버스 종점 같은 얼굴의 당신

옥매트나 키토산을 판매하는 자리에 출석 도장을 찍고
두루마리 화장지를 공짜로 받으며 뻘쭉하게 웃는 당신

치과 문턱은 얼씬도 못 해본 채

썩은내 진동하는 입을 앙다물고 있는 당신

산동네 쪽방에 누워
자원봉사자의 도시락을 사뭇 기다리는 해골 같은 당신

겨울비 고스란히 맞으며 폐지더미 리어카를 끌고
내리막길을 가는 당신

손등

그녀의 이름은 려려(麗麗)
동네 사람들은 릴리, 라 불렀지
백합 같은 스물한 살의 이웃집 처녀

고향을 떠나 북경에 와서 엘리베이터걸이 되었다가
웨이트리스를 거쳐 입주가정부가 된 그녀

자꾸만 옷소매를 내리는 릴리
갈라진 그녀의 손등은
언제나 수줍다

중년 남자의 사진을 들고 느닷없이 달려온 아버지
먹고 살 만하다는 그에게 팔려가는 릴리

새까맣고 커다란 눈동자엔
눈물이 그렁그렁
후드득, 떨어지는 눈물 받아주지도 못했는데

살아서는 다시 만나기 어려운 릴리
사진 속에서도 여전히 수줍다
반쯤 가려진 그녀의 손등

어디까지나 흰빛

밤새 앓다 아침이 돼서야 근근이 미음을 끓였습니다
창호지에 어른거리는 겨울빛처럼
미음의 흰빛은
가늘고도 기다란

엄마의 젖빛

오늘은 멀리 떨어져 사는 어린 딸의 생일입니다
내 서러움을 머금고 있는
그러고도 끈질긴

감자 속살의
배추 속대의

닷새 전 키르기스스탄에서 온 껑충한 소년이
 한국어를 가르치는 나를 기다리면서 혼자 빨던 쿠르트
의 빛

어디까지나 흰빛입니다

귀를 만들어 달아 드리다

두루마리 베고 모로 누워
〈가요 무대〉를 보시는 어머니
운다고 옛 사랑이 오리요만은—

아이들과 어머니를 번갈아 가며 부채질하다가
난생처음 찬찬히 들여다보는 어머니의 귀
울었소 소리쳤소 이 가슴이 터지도록—

내 어머니 박복(薄福)의 기원이란
못난 저 놈의 귀 때문이렷다!
면도칼로 귀를 도려내 베란다 밖으로 냅다 던져 버리고
햅쌀을 빻아 송편을 빚듯 귀를 만든다
백마강에 고요한 달빛아—

어여쁜 귀 한 쌍을 양쪽에 달아 드리니
그럴 듯, 그럴 듯해
선잠을 자던 어머니 마음에 드시는지 희미하게 웃으시네

물새 우는 고요한 강 언덕에—

생닭집 여자

한눈을 팔면서도 척척
졸면서도 척척
온종일 생닭을 토막내는 여자

쏟아지는 땀을
손등으로 훔치며
지나가는 새치름한 새댁을 불러
걸걸한 음성으로
육담을 늘어놓아도
천하지 않은 여자

허연 허벅지는
흐벅진 젖통은 가는 발목은
하룻밤에 사내 서넛도 끄떡없으리

통나무 도마 아래
벌린 가랑이 사이로

끝도 없이 아기들이
꼬물거리며 나올 것만 같은
아아 하짓날

웃음도 헤프고
눈물도 헤프고
정도 헤픈 여자

붉은 꽃, 흰 꽃

한국에 온 지 이태가 되어서야
자기 이름을 겨우 쓸 수 있는 프엉 씨

어디에서 왔냐고 물었더니
호치민, 버스, 여덟 시간, 까마우, 더워

공부한 지 두 달이 넘었는데도
읽을 수 있는 단어는 열 개 남짓
하지만 모르는 게 없는 생선 이름들

오늘은 수술한 남편 대신 혼자서
생선장사를 거뜬히 해냈다고

손을 씻어도 비린내는 희미하게 퍼지고
프엉 씨는 발개진 얼굴로 또 미안해한다

가만있자, 프엉은

하노이의 오월을 붉게 물들이는 꽃이름이 아닌가

종일 고단했는지 붉은 꽃이 깜박

때마침 함박눈이 내려서
딸 이름 설화가 바로 저 눈꽃이라고 일러준다

방안에 붉은 꽃, 흰 꽃
두 송이 시들지 않는 꽃이 활짝

사랑의 적소

깊고 어두운 물 속이
우리들의 신방이에요

우리의 사랑은
감씨처럼 정갈한 뱃속 아기까지
한꺼번에 봉인되었어요

이 한없이 고요한 어둠 속으로
우리는 더 깊이 내려가
바닥에 닿아요

금빛 모래와 산호초 사이에
신방을 꾸미지요

추위도 아픔도 없는 곳

다만 틈새로 들어오는 마지막 빛이

사무치게 그리울 테지만

곧 아기가 태어날 거예요

박은미 씨

1
팽목항에서
광화문 이순신장군 동상 밑에서
그녀가 쓰러져 통곡합니다

다윤이의 손가락이라도
금이 간 쇄골이라도
수습해야겠습니다

그녀가 남편 멱살을 쥐고
실성한 사람처럼 울부짖습니다

바닷속으로 들어가자구
이게 사는 거야?

2
매일밤 꿈에서 잠수부가 되어 먼바다까지 나아갑니다

굶주린 늑대의 눈빛으로 바다 밑바닥까지 샅샅이 수색합
니다

3
우리 딸, 어디만큼 왔니?
엄마, 밤새 헤엄쳐 갈게요.

4
하룻밤이 지나면 천리만리 밖에 있던 다윤이와 오리십
리는 가까워질 거예요 숨막히는 세상에 있는 우리 엄마, 탄
식을 거두고 어떻게든 살아주세요 한 번만 더 보고 싶어요
염소처럼 순한 엄마 눈빛을 한 번만 더 안기고 싶어요 담벼
락에 널린 이불처럼 따사로운 엄마의 품에

조등 걸린 집

장롱과 천장 사이
꽉 찬 두루마리 화장지

문갑 위 성모상 옆
헬레나의 칠순잔치 초대장

냉장고 문에 붙은
다 채우지 못한 포도알 쿠폰

조문객도 없이 힐링힌
광목천 차일을 넘나드는 바람

고무동이 안 시든 수박꼭지에 머무는
석양 한 덩어리

영구차 떠나길 기다리고 있던 승용차
눈치 빠르게 주차하는 일요일 오후

꼽추네 집

계단이 끝나는 곳
울타리도 없는 집이 한 채
밤낮 바람만이 드나들던 집
코흘리개들마저 꼽추네 집이라 불렀지

화첩 속 당국(唐菊)의 빛깔들은
계단을 올라 그 집 마당의 가난한 저녁에
다시 피어오르곤 했는데

사내는 꽃들의 말을 받아적느라
손가락 끝이 분주했는데
등에는 하얗게 솟아 빛나던 늦여름 햇살

천식기침만이 처자처럼 그와 함께
몇백 년 살아주었네

한 움큼

가죽으로 만든 지갑이 무겁다고 하셨다
천으로 지갑을 짓는다

수저 들 힘이 없다고 하셨다
나무 수저 한 벌을 보내드린다

빠진 머리카락들처럼
산딸나무 흰 꽃처럼
진눈깨비처럼

그저 한 움큼

옹알이 한 움큼
광대뼈 한 움큼
소쩍새 울음 한 움큼

한 움큼의 어머니

수리부엉이

어미는

죽어가는 새끼 입에

먹이를 찢어 넣어 준다

새끼의 심장이 싸늘히 식자

어미는

죽은 새끼를 먹어치운다

새끼는

어미의 커다란 눈동자에

영원히 박힌다

칵테일바

당신은 오늘 정말 멋진 바텐더
나를 위해 특별한 칵테일을 만들어 주세요
마티니, 슬로우 진 사우어, 위스키 미스트
그런 건 너무 진부해요
레시피는 내가 주겠어요
세상의 근심과 고통을 베이스로
불안을 뒤섞어 헤로인처럼 만들어 줘요
과일 대신 당신 이마를 닮은
얼음 꽃을 얹는 게 좋겠어요
쉐이킹을 하는 당신의 손놀림!
나는 아찔해져요
술에 취해 최면에라도 걸린 듯 내가 잠들어도
그냥 내버려 두세요
당신은 음악의 볼륨을 높이기만 하면 되지요
희미하게 들려오네요, 한숨으로 시작되는
제프 버클리의 할렐루야가
오늘 나는 사랑을 얻지 못한 패배자

아아, 기어이 밧세바를 얻은 다윗은 승자인가요

스냅사진

중산모를 쓴 여자가 눈에서 빠진 콘택트렌즈를 찾아 더듬거리고

언뜻 날아오른 검은 비닐봉지가 아스팔트에 닿기 무섭게

내장이 노출된 고양이가 고개를 한 번 쳐들었다 고꾸라지고

분홍 솜사탕을 든 여학생이 휴대폰으로 사진을 찍자마자

구청 청소과 직원이 고양이를 싸잡아 쓰레기더미에 던지고

뻔한 시나리오처럼 살수차가 무심히 지나가고

핏물이 아스팔트에 고스란히 스며들고

은근슬쩍 목련꽃잎이 떨어져 희미한 비린내를 덮고

사지가 절단된 걸인이 목련꽃잎을 으깨고 앉아 구걸을 하고

인근 예비군훈련장에선 불길한 총성이 텅, 텅, 텅.

버스정류장

생면부지의 두 여자가
고개를 수그린 채 앉아 있었다

서로 비스듬히 마주보는
버스정류장 간이의자

두 여자는 서로의 눈동자에 차오른 눈물이
반짝이는 것을 알 수 있었다

산사에서 내려온 저녁 종소리가
파문을 일으킬 때

한 여자는 버스 손잡이를 잡았고
한 여자는 트렁크 손잡이를 꼭 쥔 채 남았다

어둑해질 무렵이면
두 여자는 서로가 궁금했다

다정, 다정, 다정아!

여성결혼이민자 빌마 씨의
막내딸 이름은 다정이

다정이를 부를 땐 언제나
다정, 다정, 다정아!

뒤돌아 눈을 동그랗게 뜨는 아이
그냥, 좋아서!

다정이가 눈 앞에 없을 때도 가끔
다정, 다정, 다정아!

입술을 벌렸다 오므리는 사이에
얼굴은 미소를 머금을 수밖에

독기가 서려 있던 자리가 다정해지네

그냥 문구점

우리 동네 어귀 문구점 하나
큰 아이는 개수대에서 이를 닦고
작은 아이는 밥상 위에서 색종이를 접는다

다리 저는 여자
사각사각 무를 자르다
복사기 앞으로 날래게 움직일 때면

공책과 스케치북 사이 묵은 먼지들이
이께를 들 썩이고

낮은 백열등 아래
더 낮게 웅크리고 앉아
목도장에 이웃들의 이름을 새기는 가장(家長)

밤이 늦을수록 불빛 환한,
곁방과 쪽부엌이 딸린 문구점

제3부

접시가 깨진 날

외출하고 돌아온 저녁
접시가 깨져 있었네

목련나무가 마침내
몸을 열던 날이었지

매끄럽고 아름다워서
바라보기만 했던 접시여
그럼 안녕

나와 고양이의 부주의로 접시가 깨질까 봐
전전긍긍했던 나날이여
이젠 안녕

두 동강 난 접시를 버리러 가는 밤
비로소 나는 기뻐 날뛰네
고양이도 덩달아 벚꽃들처럼 설쳐대는 밤이네

내게 남겨진 것들

정원이 황량해졌다

잘생긴 바위가
탐스러운 소나무가
아네모네, 들수선화 알뿌리가
주인 따라 가버렸다

떠나간 자리마다 움푹 패였다

차기운 바람이 불고
패인 자리마다 별빛이 서성인다

어떻게든 이 겨울을 나야 한다
철거 직전의 빈집에서
토지보상이 자꾸 삐걱거려야만 한다

못난 돌덩이가

값싼 나무의 뿌리가
아무 데나 되는대로 피는 꽃들의 씨앗이
내게 남겨졌다

이것들을 껴안고
밤이면 파고드는 혹한을 견뎌내야 한다
언 손을 입김으로 녹여가며

다시 시를 써야만 한다

나를 버리다

정처 없이 떠돌다가
소나무 숲 바위 위에 눕습니다

만월이 정수리를 비추는 시간

남은 거라곤 몸뚱이뿐입니다
그런대로 훼손되지 않은 육체입니다
흑갈색 임신선과 난소에 생긴 낭종이 고작입니다

남녀노소니
행여 쓸모가 있거든 장기를 적출해 내다파시든지
나를 토막내 보신탕처럼 끓여 몸을 보하시든지
마음대로 하십시오

처분을 기다리는 이 시간이야말로
더없이 평온한 순간입니다

나는 밑바닥이고
나는 구더기이고
나는 고름집이고
나는 똥으로 그득한 가죽부대입니다

남녀노소여
내 핏물이 밴 돌멩이를 다시 주워
가차없이 던지십시오

살점 한 톨 남지 않도록
피 한 방울 남지 않도록
유황과 불을 퍼부어
부디 홀연히 사라지게 해주십시오

비로소 허공만이 남은 자리입니다
오롯한 자유입니다

여독을 풀어줘

여독을 풀어달라는 말을 유언처럼 남기고 낙타는 탈진했다. 입에서 단내가 풍겼던가. 여자는 낙타를 품에 안았다. 낙타의 몸은 잔뜩 부어 있었다. 서역으로부터 온 게 틀림없다고 여자는 우기고 싶다. 여자가 낙타를 기울이자 한 줌의 모래들이 차르륵 쏟아져 내린다. 모래가 서걱이는 낙타 눈알을 여자는 혀로 핥기 시작한다. 여자는 낙타 사타구니에 눌러붙어 있는 해당화를 맛본다, 비린내. 그래서 여자는 낙타가 바다로부터 왔다는 새로운 상상을 시작한다. 낙타는 지저분했고 여자는 그게 더 좋았다. 여자가 구멍을 오래 핥아주었더니 낙타의 그것이 수세미외처럼 커지기 시작했다. 낙타와도 관계를 할 수 있다니. 여자는 조급해졌다. 낙타의 땀방울이 여자의 눈알 속으로 떨어져 여자는 낮게 신음한다. 오르가슴에 다다른 여자의 얼굴은 마애불의 미소와 흡사하다. 여자는 기진맥진한 낙타의 배 위에 걸터앉아 목덜미를 조른다. 여자는 죽은 낙타를 먹기 시작한다. 말향고래처럼 비대해서 먹어 치우는 데 꼬박 하루가 걸렸다. 그제서야 여자는 낙타의 말, 침묵을 음미한다. 기묘하게 쓸쓸하고 적막한 시간들이 흐르자 여자의 배는 부풀어 오른다. 머지않아 얼굴은 사람이고 몸은 낙타인 바람의 사생아가 태어날 것이다.

검은 별 남자

그때가 언제였더라
한파를 피해 하노이에 갔던 때

룸 안엔 네 개의 간이침대
가운만 걸친 중년의 여자들은
가판대 위의 물건들처럼 누워
마사지사를 기다렸네

내게도 한 청년이 왔지
귓불에서 뒷덜미를 타고 내려오는 지점에
별 문신을 한 이방인

단정한 입매의 그 남자는
한국어는 통 모르는지
한마디 말도 없이
내 몸을 읽어 내려갔지

위로부터 아래로
오른쪽에서 왼쪽으로
리드미컬하고 섬세하게

다시 뒤에서부터 앞으로
쇄골에서 복사뼈에 이르기까지
종 횡 무 진

등줄기에서 땀이 배어나올 때쯤
그의 엄지 손가락이 흉추를 누르고
나머지 손가락들이 스며들자
잔물결이 일었지

그곳이 어디였더라
공연히 궁금해지는 밤이면
내 몸에 새겨진 별자리를 더듬지

동부간선도로

아이들은 주기적으로 아프다
다이어트에 정신이 팔려있을 때
사내에 홀려 넋이 반쯤 나가있을 때
시인 행세를 하고 싶어 안달일 때
머리통을 후려친다
슬리퍼 바람에 두 아이를 업고 걸리고
응급실에 다녀왔다
세상모르고 자는 아이를
애써 끌어안고
동부산선노도를 바라보며 밤을 새운다
질주하는 불빛들
나는 늘 저 길 위에 있었으니
아무 곳으로 가지도 못한 채
다이어트와 응급실과 시 사이에서
발을 동동 구르고 있었으니

사춘기

 옛집은 철로 가까이 있었다 어김없이 새벽을 가로지르는 소리에 신열이 올라 뒤척일 때면 여수나 목포의 어둔 바다와 생선 냄새를 오래오래 품었다 쇠락한 도시의 비애쯤이랄까 아름다움이랄까 그런 게 휘도는 분위기를 알 것도 같았던 밤들 (지독히도 춥던 해) 도서관으로 향하던 내 발길은 멈추고 보면 서대전역이었다 이리역에서 내려 되돌아오기는 했어도 경계도 없이 들녘만이 펼쳐졌어도 내륙에서의 답답증은 잦아들었고 바다에 대한 환(幻)은 저녁거리며 모두를 잊게 했다 어느 한 밤 전역을 하던 외삼촌(형제들 가운데 빼어난 미남이었던)이 출발하던 열차에서 뛰어내렸단 소식을 잠결에 들어야 했고 그와 같은 처지의 여자와 영혼 혼례란 걸 치뤄준 어머니는 철로에서 먼 데로 이사를 가자고 말씀하셨다 그리고 내게는 조심스럽게 기다렸던 초경이 눈송이들과 함께 스며들었다

곰국을 끓이는 동안

석양은 쪽창문 틈새로 부엌을
자꾸 기웃거리고

엄마, 저 솥 안에 정말 곰이 들어 있어요? 네?
까르륵—

남편은 틈만 나면 전화해
지금 어디야?

눈이 반쯤 감긴 시어머닌 현관문을 지키고
참을성 없는 애인은 러브호텔을 떠나고

몇 시간째야 도대체
이렇게 지키고 서 있는 게

나는 웃어야 할까 울어야 할까

끓어오르는 곰국을 뒤집어엎고
애인의 발목을 붙잡으러 뛰쳐나갈까

이러지도 저러지도 못하고
아이새도와 땀은 범벅이 되고

오밤중이 되어서야 졸린 눈을 끔벅이며 솥뚜껑을 열어 보니
곰국은 한 국자도 남아 있지 않고
(심지어 말끔한 밑바닥은 송곳니처럼 번쩍거리기까지 하고)

도둑고양이

쥐도 새도 모르게
아기를 지우고

산부인과 지하 식당에서
땀을 뻘뻘 흘리며
설렁탕을 퍼먹었다

─피임 같은 건 여자가 알아서 해야지
─아들을 낳아 대를 이어야 한다

흡반처럼 달라붙는 말들을 뜯어내
쓰레기통에 처넣지 못한 채
비디오방에 갔다

거기서 차승원, 설경구랑 놀았다
눈물이 쏙 빠지도록 웃다가
간이소파에 파묻혀

웅크리고 잠을 잤다

중년(中年)

시도 때도 없이 오줌이 샌다고
현관문을 열다가도
흐르는 물만 봐도
소설을 쓰는 중에도
대머리 의사가 '케겔운동'을 권한다고
하고 싶지 않다고
차라리 생리대 대신 기저귀를 차겠다고
열 살 어린 나를 질투한다고

시를 읽는데 글자의 공백이 보인다고
그림을 볼 때 지워진 것처럼 보이지 않는다고
'중심'은 볼 수 없고 '주변'만 볼 수 있다고
수 개월 혹은 2년 이내에 실명할 거라고

H의 수치심, P의 절망을 읽는다
어떤 말로 위로해야 하나 나는 쩔쩔맨다

앙큼하게도
저울 위에 돼지고기를 올리고 눈금을 보듯
누가 더 절박할까 저울질한다
그리고는 안도한다, 나는 열 살이나 어리므로

한밤에 늙은 남자의 얼굴을 닦다

깊은 밤 좁은 집안을 서성이다 보면
어느새 선반의 놋그릇 앞에 서 있게 되지

머지않아 아버지의 유품이 될 저것

유기(鍮器)를 만들었던 아버지
가볍고도 반짝거리는 스텡그릇에
단박에 무너지셨지

노름빚에 떠밀려 알코올에 치여 맥을 못 추시더니
마침내 벼랑 끝에 홀로 쓰러져 있는 한 남자

놋그릇 안쪽을 문지르고 문지른다

아버지에게 품었던 오래된 독(毒)이 걷히고
은은한 윤이 감돌기 시작하면

터널을 밝힐 등불이 켜질 것만 같아서
이 밤 늙은 남자의 얼굴을 닦는다

골목

 오이장수가 머물다 간 것일까 골목엔 오이냄새와 남자의 땀내가 은근하다 소녀는 그만 아득해져 주저앉는다 엄마는 무사히 죽었을까 번번이 그랬던 것처럼 이번에도 미수에 그쳤을까 소녀는 불안해서 집에 들어갈 수가 없고 골목이 너무 고요해서 무섭다 허기진 소녀는 새까맣게 여문 분꽃씨를 따서 깨문다 흰 가루가 통증처럼 씁쓸하게 혀에 쏟아진다 빛나는 유리조각을 주워 가느다란 왼쪽 손목을 긋는다 소녀는 이대로 죽어서 눈 덮인 골짜기를 떠도는 까마귀가 되어도 좋겠다고 생각한다 눈 감은 소녀의 얼굴에 눈물 대신 미소가 어른거린다 달콤하고 따뜻한 피가 교복 흰 블라우스를 적신다 이 골목이 내 피로 흥건해졌으면 좋겠다고 소녀는 혼잣말을 한다 고작 손목에 초라한 흉터 하나 남겠지 그래서 소녀는 슬퍼진다 이 골목의 끝에 집이 있는데 엄마가 조금씩 쓸쓸하게 죽어가고 있을 텐데 골목으로 저녁 어스름이 밥냄새가 옅게 퍼진다

나의 거처

너는 고산지대에 핀 말나리꽃의 줄기다

빈집 절구독에 고인 빗물에 비치는 낮달이다

붙박이별을 이정표 삼아 비탈길을 가는 나귀 걸음걸이다

너는 무명천에 물들인 쪽빛이다

노인정 앞 평상에 내려앉은 후박나무 잎사귀다

룸메이트

미신 따위에 속아 그를 버렸다.
그는 며칠을 우두커니 서 있다가 영영 사라졌다.

연말이라서 우린 한없이 센티멘털했고 처음부터 눈이 맞았다, 마술사와 그의 모자처럼. 대설주의보와 한파주의보가 겹쳐서 우린 룸에만 갇혀 지내야했다. 건자두와 햇반 같은 비상식량을 축내면서. 외투에 페도라를 쓰고 유리창에 매달려 함성이 사라진 야구장을 내려다보기도 했다. 그러다가 고드름이 되었다. 혼자서는 아무것도 할 수 없었다, 그는 내 수족. 나는 사수 훌쩍거렸다. 올빼미처럼 밤을 지새울 때면 그는 백허그를 하며 속삭였다. 네 복사뼈가 붙으면 퍼레이드를 보러 가자. 내일 밤엔 슈퍼문이 뜬다잖아, 응? 그는 두 손으로 달을 만들었다, 판타스틱하게. 다리 다친 기념으로 시 한편 건지면 되잖아, 그는 히죽거렸다. 우린 곧바로 부주키 리듬에 맞춰 고개를 까딱거렸다. 뉴스도, 신문도 보지 않았다. 누구도 만나지 않았다.

깁스를 풀고난 후, 목발을 갖고 있으면 다리가 또 부러진다는 말을 들었다.

0.2 초

고인 침을 모아 알약 한 개를 삼키는 시간

회전목마를 타고 있는 딸을 버리고 엄마가 사라지는 시간

파도가 집 한 채를 잡아먹는 시간

잠복한 형사에게 불법체류자의 꼬리가 밟히는 시간

골프채를 휘둘러 창문을 깨부수고 도주하는 시간

범퍼에 부딪힌 고라니가 허공으로 솟구쳤다 떨어지는 시간

차안(此岸)에서 피안(彼岸)으로 넘어가는 시간

별식

소리 소문도 없이 눈은 내리고
식탁에 홀로 퍼질러 앉아
설설 끓어오르는 찌개에서
생선대가리를 건져낸다

붉은 아가미를 혀 위에 올려
심해를 더듬으며 숨을 들이마시고
눈깔까지 파내 오독오독 씹어 삼킨 후
두개골에 붙은 살점도 발라서 한 점,

반은 실성한 여편네처럼 실없이 웃으며
뼛골에 사무친 먹물까지 빨아 먹는
무심중간(無心中間)

어느새 먼 길을 달려와 겸상을 한 어머니
―너도 이제 늙어가는구나
대꾸할 틈도 없이, 그저 함박눈은 쌓이고

감나무

학교에서 돌아와
노란 맨드라미처럼 무료할 땐
감나무를 오르는 일밖에

반질거리는 이파리 사이로 고깃배가 뜨고
아버지가 커다란 손을 흔드시더라

얼굴도 생각나지 않는 아버지를
나지막이 부르면
한나절이니 놀아 주시더라

어둠이 감나무 아래 벗어둔 신발에 가득 차도록
할머니와 일 나간 어머니는 돌아오실 줄 모르고

텅텅 빈집엔
고요만이 새파랗게 살아 있던 날들

두 차례 더 감꽃이 피고 지더니
할머닌 감나무 꼭대기 홍시 따라
하늘로 오르시더라

어머니 슬하에 홀로 남아
늙어가는 감나무 쳐다보면
마당의 돌덩이가 명치께를 누르더라

봄은 어디에

너무 추워, 엄마.
봄은 어디에 있어요?
세 살 딸아이가 묻는다

자전거에 과일을 싣고 배달가는 미소년
수줍게 웃을 때 드러나는 치열에
계단참에 앉아 구걸하는 여자애
곱은 손가락에
일자리를 구하러 분수광장에 모여있는
겉늙은 조선족 여인들의 억양에
생맥주를 나르는 평양대성관
북한 처녀들의 푸른 유니폼에
노을이 채 물러서기도 전
어여쁘도록 떠오른 초승달에

봄은, 봄은, 봄은,
이미 가지런해진 아이의 숨결.

봄볕

방 안에 포대기만한 볕이 깔리자
황달기 있는 아기를 눕히고
배냇저고리의 끈을 풀어놓아요

달싹이는 대천문을
지그시 누르며
갓 자라나오기 시작한
속눈썹을 쓸어내리며
분홍 잇몸과 젖꽃판을
가만가만히 문지르며

봄볕은 이렇게,
봄볕은 이렇게,

해설

그녀의 박동

양경언 문학평론가

1.

거창할 수도 있지만, 지금 필요한 얘기를 하자.

먼저, 시가 걸어온 길에 대해서. 시는 제 몸에 특정 언어만 진입할 수 있다는 편견과 내내 맞서왔다. 아주 오래전부터 그리고 오랜 시간 동안 '문학'이란 이름으로 불릴 수 있는 대상이 고상한 자연예찬이나 낭만적 정조가 깃든 세계에 국한되어 있었다면, 시는 '문학어'란 담장을 허물고 어떤 언어도 자유롭게 그 자리를 드나들 수 있도록 애써왔다. 시는 꼭 거대한 역사를 운운하지 않더라도 일상에서 흔히 만나는 대상들도 낯선 자리에 두면 새로운 의미가 태어날 수 있음을 일러준다. 또한, 이와 같은 방식으로 형성된 의미는 일상과는 다른 세계의 모습으로 자리하여 우리가 사는 현실을 새삼스레 바라볼 수 있도록 한다. 이를 염두에 둔다면, 시(를 이루는 언어)에 빚지지 않은 새로운 세계(의 언어)는 없다.

두 번째, 거대한 역사의 맞은편에 '일상'이라는 영역을 당연하게 두었던 우리의 손쉬운 이분법에 대해서. 앞서 우리는 시가 쓰인 역사가 곧 문학에서 운용할 수 있는 범위의 폭을 늘려왔던 길과 같은 것이라고 말했다. 하지만, 의아하다. 매일을 일구는 삶들이 모여 역사를 이룬다면, 우리가 '사사로운 현실' '사소한 일상'이라 치부하던 것들을 거대한 역사와 분별하여 말하던 방식은 과연 타당할까. 혹은 '공적 영역'(이라고 썼지만, 이 글에서는 '시에서 허용되는 말'로 바꿔 생각할 수 있을 것이다)과 '사적 영역'(이라고 썼지만, 이 글에서는 '시에서 허용되지 않을 정도로 사사로운 말'로 바꿔 생각할 수 있을 것이다)의 구분이 애초부터 특정한 권력 구도에 의해서 구성되었을 뿐이라면? 가장 사적인 일이 가장 공적인 일과 다르지 않다면? 누구도 거들떠보지 않았던 사물이나 풍경의 '일상'을 조명할 때, 거기에 지금 우리 사는 현실의 비밀이 숨어 있을 것이다. 그렇다면 우리는 시가 넌지시 쳐다보는 구석진 곳 없이는 거대한 역사의 물결도 없는 셈이라고 말해야 한다. 시는 '문학어'의 담장마저 낮추었을 뿐 아니라 시에 진입했다 여겨왔던 '일상어'의 영역마저 다시 문제 삼아, '누가 어떻게 말하는가'에 따라 다른 인상이 펼쳐질 수 있음을 사유하도록 한다.

　이 둘을 겹쳐 생각했을 때 우리는 한국 시사(詩史)의 길을 확장하는 일에 기여를 해왔던 여성 시인들의 고군분투에 대해 이윽고 말할 수 있게 된다. 일일이 나열하지 않더라도 우리 문학사엔 그러한 몫을 해왔던 많은 여성 시인들의 이름이 있음을, 독자는 모르지 않을 것이다. 오늘 우리는 그 목록에 새로운 시인의 이름을 더한다. 이를테면, 집 밖으로 '떠돈다'고 여겨지나 실상은 매 순간 생존을 위해 몸부림치는 숱한 여성들을 한 명씩 꼽아보고(「여자들」), 남편의 폭력에 시달리는 친구의 안부를 살피며 불길한 "악몽 속을 헤"매는 시인(「소금 호수」). 먹고 살기 위해

서라는 이유로 중년 남자에게 팔려가는 어린 여인의 "후드득, 떨어지는 눈물"을 포착하고(「손등」), 수술한 남편 대신에 혼자서 생선 장사를 하는 "프엉 씨"의 "발개진 얼굴"에서 "하노이의 오월을 붉게 물들이는 꽃"의 기운을 발견하는 시인(「붉은 꽃, 흰 꽃」). 무엇보다도, 그러한 삶들에 등 돌리지 않는 시인.

　오늘 우리는, 선배 시인들의 분투에도 불구하고 지금 세계의 "심연"에는 여전히 "혀 잘린 여자들의 절규"(「자줏빛 연못」)가 자욱함을 상기하고 절망하는 한편, 그러나 그를 모른 체하지 않고 그 목소리로 파문을 일으키는 곳으로 김선향의 시가 걸어간다고 쓴다. 그도 그럴 것이, 김선향의 첫 시집은 '여성의 시에서는 현실인식이 부족하다'는 세간의 편견을 넘어 시에서 현실로 다루어왔던 영역이 누구의 세계로 한정됐는가를 질문하는 일에 오롯이 바쳐졌기 때문이다. 그를 통해 시인은 '아무나'로 여겨지던 누군가의 얼굴을 '아무나'가 아닌 구체적으로 살아있는 얼굴로 전한다. 침묵(이라 알려져 온 자리)에 귀를 대고, 거기에서 내내 뛰고 있던 맥박을 드러내 보인다. 이는 시가 오래전부터 해왔던 작업이기도 하지만, 김선향을 통해 다시금 새로이 이어지는 일이라고도 할 수 있을 것이다.

2.

　말 없는 자리에 청진기를 대는 역할을 한다고 했거니와, 그러한 방식으로 김선향이 시에서 길어 올리고자 하는 목소리들은 대개 주체의 에너지와 충동의 방출로 환기되는 것들이다. 가령 다음과 같은 시들.

허리가 끊어질 듯 여자가 울부짖다 회음을 찢다 복부를 절개하다 좁고 어두운 산도를 무사통과한 아기가 울음을 터뜨리다 피가 태반이 쏟아지다 전쟁의 승리자라도 된 듯 의기양양해진 여자들의 입은 벌어지고 눈빛은 반짝거립니다.

—「산후조리원」부분

이제 그만 마음 풀고 어서어서 잠들어요
우리 엄마 이리 저리 굴려봐도 꼼짝않네

옷가지들을 하나둘씩 벗기자
이런, 깡말라서 먹을 것도 없겠어

살은 살대로 다 뜯어먹고
염통도 빼먹고 간도 쓸개도 파먹어야지
뼈에 붙은 살도 모조리 발라먹고
얘야, 천천히 먹어라 체할라!

뼈는 잘 추슬러서 곰국을 끓여야겠어
이쑤시개로 이 사이를 후비며 콧노래를 흥얼거리며
아니 젖이 돌아 애 머리통만 해졌잖아
이젠 내 새끼들에게 젖을 물려야 할 때야

—「엄마를 위한 자장가」부분

"여자들의 수다로 활활 타오"르는 '산후조리원'은 호기심과 죄책감과 긴장감과 환희 등등의 숱한 감정이 함께 뒤섞이는 곳이니만큼, 차분하고 냉정한 서술로는 그 분위기를 전할 수 없는 장소다. 「산후조리원」은 그 장소가 아니라면 느낄 수 없는 탄생의 기운을 빠른 가락으로 그리면서, 생이 시작되는 자리가 터뜨리는 호흡을 표현한 시다. 이 시에서 특히 주목할 만한 점은, 그 호흡을 다른 누구도 아닌 여성이 배태한 것으로 다뤘다는 점이다. 가쁘게 몰아쉬는 숨을 따라 "의기양양해진 여자들의 입"에 주목할 때, 독자는 비로소 악다구니가 솟는 자리에서 생이 시작됨을 감지한다. 진창을 섭수하는 여자들의 방식이 온갖 삶을 만들어 왔음을, 인용한 시에 담긴 리듬은 전하는 것이다.

「엄마를 위한 자장가」는 어떤가. 한 행, 한 행이 리듬을 타고 자연스럽게 읽힐 때마다, 이 말들 사이에서 울리는 운동성은 우리가 우리도 모르는 사이에 잊으려 했던 '엄마'의 숨을 수면 위로 끌어올리는 역할을 한다. 그러나 '엄마'의 숨은 드러남과 동시에 '딸'에 의해 삼켜지고, '딸'은 삼킨 엄마의 숨으로 '새끼'들에게 물릴 '젖'을 준비하는, 또 다른 '엄마'가 된다. 딸이 '엄마'에게 기대어 살아온 삶을 엄마의 살을 발라 먹는 장면으로 형상화하면서 구성지게 노래할 때, 독립적인 삶을 꿈꾸며 고립을 자처하지만, 결국엔 이전 세대와 다음 세대의 연결 속에서 순환적인 운명을 잇는 여성들이 떠올려지는 시다. '엄마'와 '딸'은 말들 사이에 놓인 운동성을 대화의 통로로 삼고, 가시화되지 못한 삶의 자국을 새긴다.

위의 시들이 섬뜩한 장면을 그리는 듯하면서도 일견 명랑한 기운을 잃지 않는다면, 이는 시가 품고 있는 리듬 때문이다. 김선향의 시는 말들의 심층에 의미의 영역으로 놓여 있지 않고 다만 자질로 놓여 있는, 마치 어미의 몸에서 시작되는 새로운 심장의 박동 소리와 같은 리듬에 기대어 현실에서는 감추어져 있던 이들의 목소리를 개시할 줄 안다. 그러한 목소리의 주인공들은 설혹 갑갑한 방에 갇혀있다 할지라도("우린 룸에서만 갇혀 지내야 했다"「룸메이트」부분) 목소리의 박동이 짚이는 순간, 흡사 동굴에서 소리를 더욱 키워내는 것처럼 주어진 공간에 겹겹의 울림을 형성해낸다.

먼 데를 응시하며
불꽃처럼 일렁이는 혀는 되낸다

난 누구의 엄마도 아내도 딸도 아니야
우린 자연의 여자

—「물뱀」부분

미나는 말했지
먹지 않으면
내가 아무것도 아닌 것 같아요

그녀는 어둔 반지하에서
커피포트에 라면을 끓여 폭식하지
젖소부인, 마돈나란 별명은 아무려나

내가 아는 여자도 그랬어
쇼핑하지 않으면
내가 아무것도 아닌 것 같아

그녀는 파산 신청을 하고 나와
백화점에 가서 드레스를 훔치지
밤마다 악몽에 시달리는 것쯤이야

뭐라도 쓰지 않으면
내가 아무것도 아닌 것 같아요
작가 지망생의 말이야
그녀는 밤새워 쓴 것들을 전부 지우고 다시 또 쓰지

—「너를 사로잡는 것들」 부분

    구스타프 클림트의 그림을 지시하는 제목의 첫 번째 시는, 그림 속 주인공인 두 여인의 포즈가 서로의 몸을 해방시키는 듯한 태도를 취하고 있다는 데에 주목한다. 서로를 향해 넌 무력하지 않고 네 몸은 자유라고 외칠 때, 그 말을 듣는 이는 "누구의 엄마도 아내도 딸도" 아닌, 내가 누구인지 규정지을 수 없는 상태가 된다. 서로를 지탱하면서 '물뱀'처럼 수면 위로 솟아오르던 여인들이 욕망을 해갈하는 지점은, 다름 아닌 서로의 목청이 똑똑히 소리를 낼 줄 안다고 알아봐 주는 대목인 것.
    "먹지 않으면" "아무것도 아닌 것 같"다는 영화 〈마돈나〉 속 인물 "미나"를 보며, "쇼핑하지 않으면" "아무것도 아닌 것 같"다던 아는 여자를 떠올리고, 그 곁에 "뭐라도 쓰지 않으면" "아무것도 아닌 것 같"은 "작가 지망생"을 떠올리는 두 번째 시의 경우도 마찬가지다. 이들 사이의 거리는 일견 멀고 낯설어 보이지만, 뭐라도 하지 않으면 아무것도 아닌 존재로 사라질까봐 뚜렷한 결과물 없이도 반복적인 행동을 선보인다는 점에서 이들은 '유추(analogy)'의 관계를 맺는다. 이들을 사로잡는 특정한 것이 있다는 점만으로도 이들은 하나로 묶일 수 있는 것이다. 시인은 하나로 묶일 수 있는 것이 무어라도 있는 관계라면 얼마든지 "자, 어서 내 손을 잡아!"라고 서로를 향해 외칠 수 있다고 말한다.

다른 텍스트(구스타프 클림트의 그림, 영화 〈마돈나〉)와 상호 텍스트적인 관계를 형성하여 쓰인 시편들에서 '통로'로 형상화할 수 있을법한 이미지('물뱀', '텅 빈 방')가 활용된 점이 흥미롭다. 여러 텍스트의 목소리가 연대하면서 숨어있던 목소리를 찾아내고 이윽고 함께 울려 퍼질 수 있도록 돕는 방식이, 마치 통로에서 숱한 소리들이 서로 간섭하고 반향 되면서 더 큰 소리를 만들어내는 모양새와 같기 때문이다. 김선향의 시는 삶의 상처를 무작정 토로하여 지금 세계가 안기는 고통을 더는 길이 아니라, 타자와의 관계로 말미암아 서로가 상처를 좀 더 견딜만한 것으로 만드는 길로 간다.

3.

숨어있던 이들의 박동을 짚어내고, 감추어져 있던 이들의 목소리를 숱한 타자들과의 관계를 통해 개시하면서 김선향은 구체적인 얼굴들에 당도한다. 거기에는 숱한 말과 역사를 삼킨 채 "겨울비 고스란히 맞으며 폐지더미 리어카를 끌고"가는 노파의 얼굴(「은백색의, 아니아니 누런, 노파들」)과 멀리 떨어져 사는 어린 딸을 그리워하는 '나'와 같이 다른 누군가를 떠올리는 순결한 마음의 빛을 띠는 키르기스스탄 소년의 얼굴(「어디까지나 흰빛」), 버스정류장의 간이의자에 앉아 눈동자에 차오른—영문은 알 수 없는—눈물을 반짝이던 생면부지의 두 여자 얼굴(「버스정류장」)이 산다. 누구의 삶이 더 중요하다는 평가도 필요 없이, 아무도 알아주지 않는다 하더라도, 김선향의 세계에서 이 얼굴들은 안부를 건네고 싶을 만큼 궁금한 존재가 되고, 살아있는 그 자체로 대접해주고픈 존재가 된다. 김선향의 시를 통해 이들은 어떤 말을 시작할 법한 표정을 갖추게 되는 셈이다.

한편 다른 이의 목소리가 얼굴을 얻을 수 있을 때까지 열심히 애를 쓰는 이의 얼굴은 실로 어떠할까. 시에서 구심점을 담당하는 '내' 얼굴의 정면은 좀처럼 구체화하기가 쉽지 않다. '나' 역시 내 안에 다양한 타자성을 품고 있음을, 하여 '단일한 나'는 존재할 수 없음을, 모든 사람은 언제나 다른 이가 끝내 보지 못하는 달의 이면과 같은 뒷모습을 품고 있기 마련임을, 어떤 박동은 박동으로 남겨질 뿐 얼굴로 가시화될 수 없음을, 그러나 그렇게 뒤로 물러난 박동은 또 다른 모습의 출현을 예고하는 잠재적 형태로 존재함을, 다른 이들의 목소리를 깨우는 과정에서 '나'는 깨닫기 때문이다.

그녀는 늘 옆모습만 보여줬지
왼쪽이 웃는 듯해서
오른쪽을 보면 울고 있었어
왼쪽은 나를 사랑했고
오른쪽은 나를 증오하는 것 같았지

......중략......

어느 아침 새끼를 무려 11마리나 낳은 구피가

배를 까뒤집고 수면 위에 둥둥 떠다니는 게 아니겠어

너도 똑같아, 반쪽만 보여주는 것들!

화가 정수리까지 치민 나는 과도로 물고기 배를 갈라

양변기에 패대기치고는

물을 쏴아, 내려버렸지 그런데 글쎄

빨려 들어가는 구피 눈동자에 그녀의 정면이 박혀있었던 것 같아

허겁지겁 손을 양변기 속으로 집어넣고야 말았는데

그녀의 정면은 정말 무엇이었을까

—「그녀의 정면」부분

  사라지는 구피 눈동자에 '그녀의 정면'이 박혀 있다 하더라도, 우리는 그것이 무엇인지 단정하여 설명할 수 없을 것이다. 달리 말해 세계가 등 돌리는 존재들에 이끌려 그들의 박동을 가시화해낸다 하더라도, '내'가 끝내 알지 못하는 이면은 존재할 수밖에 없다는 얘기다.
  "반쪽만 보여주는 것들"이 기만적이라고 느껴진다 할지라도, 그것은 어쩔 수 없는 것, 혹은, 반쪽을 좇을 때야 비로소 정면을 상상할 수 있는 것. 웃음의 이면에는 슬픔이, 사랑의 이면에는 증오가 있기 마련이듯, 오히려 그것이 전부가 아님을 아는 게 중요한 것. 우리가 천착해야 할 태도는 내 얼굴의 정면을 선보인다거나 다른 이의 정면만을 구사하는 일에 골몰하는 방식이 아니라 "정면은 정말 무엇이었을까"를 궁금해하는 방식에 있다. 그래야 오만을 거두고, 누구도 거들떠보지 않을 사물

이나 풍경의 '일상' 속에서 현실의 비밀을 내내 찾을 수 있을 테고, 누군가의 목소리를 소외시키기 일쑤인 우리의 현실을 내내 새삼스레 바라볼 수 있을 테다. 시인은 미비하게 울리는 박동으로도 파문을 일구어냄으로써 정면을 궁금해 하는 태도를 사수한다. "매끄럽고 아름다"운 접시의 정면보다는 깨진 이 사이로 사연을 들려주는 접시의 측면으로 기어코 정직한 시를 쓴다(「접시가 깨진 날」).

이 시집은 시가 무엇이어야 하느냐는 당위를 따라나서지 않고, 시가 무엇일 수 있는지 그 가능성을 묻는 방향으로 간다. 이는 김선향이 뗀 첫걸음을 눈여겨볼 수밖에 없는 이유이기도 하다.

시인의 말

무모함 덕분에 여기까지 왔다.

말문이 막혔던 긴 시간을 건너
노래가 되지 못한 웅얼거림들을
겨우 펼쳐놓았다.
부끄러운 줄도 모른 채.

시만이 내게 남겨졌다.
시라는 '외줄'에 매달리겠다.

뜨겁고 쓰디쓴 여름에
김선향